AF324435

DE C. IX.
LETTRES
PATENTES DV ROY

Pour le reſtabliſſemét des fráchiſes, auctoritez, libertez & facultez qu'ilz eſtoyent & ſouloyét eſtre au parauát les troubles, dans la ville de Lyon.

A PARIS

Par Guillaume de Niuerd, Imprimeur & Libraire, tenant ſa boutique ioignant le Pont aux Muſniers, vers le grand Chaſtelet, a l'enſeigne du bon Paſteur.

AVEC PRIVILEGE.

HARLE par la grace de DIEU ROY de France: A noſtre amé & feal le Conte de Saulx, cheualier de noſtre ordre, & noſtre Lieutenant general au gouuernemét de noſtre ville de Lyon, pays de Lyonnois, beauioullois & autres d'alentour: Et à noſtre amé & feal Conſeiller, treſorier de France & general de noz finances, eſtably audiĉt Lyõ,

B ii

au Seneschal dudict Lyon, cõserua-
teur des priuileges de noz Foires dudict Lyon, ou leurs Lieutenans : & à
tous noz autres Iusticiers & Officiers, & à chascun d'eulx endroict soy
sicomme à luy appartiendra, Salut &
dilection.   Ayant pleu à Dieu
mettre fin aux troubles de nostre
Royaume, par la paix qu'il nous a
donnee, suyuant l'Edict, de laquelle
celles de noz villes qui durãt lesdictz
troubles ont esté en la puissance de
ceux de la Religió pretendue refor-
mee, ayans les armes en main, ont
esté reduictes à leur premiere li-
berté, commerce, seur acces, traffiqs &
negotiatiõs: Entre lesquelles se trou-
ue de present nostre bonne Ville &
cité de Lyon estre des principales,
& ou lesdictes armes ont esté depuis
n'agueres mises bas, estans les habitãs

d'icelle foubmis à toute obeiſſance
& obſeruation de noz Edictz, ordō-
nances & cōmandemens. Au moyen
dequoy, & afin de la remettre en ſa
priſtine negociation, commerce &
trafficq, y eſtans maintenant les affai-
res reduictz en grande tranquillité
& douceur, auec bonne vnion, recō-
ciliation & amiable intelligence les
vns auec les autres : Nous ayant tous
aſſemblement aſſeurez & permis de
viure doreſnauant en ceſte façon, a-
uec l'entiere obeiſſance qu'ilz nous
doiuent.

NOVS pour ſes cauſes, & autres bonnes iuſtes & raiſonnables cō
ſideratiōs à ce nous mouuans : auons
par l'aduis de noſtre treſ-honorée
Dame & Mere la Royne, Princes de
noſtre ſang, & Seigneurs de noſtre
Conſeil : ordonné, voulu & declai-

ré: ordonnons, voulons & declairõs
par ces presentes, que les Foires,
Changes & payemens d'icelles: En-
semble les gabelles, Doüanes & autres impositions, que au parauant
lesdictz troubles se tenoyent & le-
uoyent en nostredicte ville de Lyõ:
Et lesquelz au moyen d'iceux troubles nous auons transferez & permis estre faictz, tenuz & leuez en nostre ville de Chalõ en Bourgongne,
ou ailleurs seront remis, restablis &
restituez, tenuz & leuez en nostredicte ville de Lyon : les y ayant pour
ceste occasiõ remis, restablis & restituez: remettons, restablissons & re-
stituõs par cesdictes presentes, pour
y estre faictz, leuez, tenuz & exercez
doresnauant: auec les mesmes fran-
chises, auctoritez, libertez, & faculté,
force & vigueur qu'ilz estoient &

souloyent estre au parauant iceux troubles. En defendant tresexpressement à tous les marchans frequen-
tans lesdictes Foire & changes dudict Lyó: tant nosdictz subiectz que
autres estrangiers de quelque nation,
qualité ou condition qu'ilz soyent,
leurs facteurs, commis & entremet-
teurs, de ne faire les changes & payemens prochains de la Foire dernie-
re des Roys & autres subsequens, ne
pareillement tant la prochaine Foire d'Aoust & autres ensuyuans, ne
faire les payemens & changes d'icelles audict Chalon ne ailleurs, qu'en
nostre ville de Lyon: Sur peine de
nullité de tout ce que y sera negotié
conuenu & arresté, ou payé: Et de
priuation des priuileges & franchi-
ses, libertez & facultez, dont noz pre-
decesseurs Roys & nous auons de

coré & enrichy le commerce defdi-
ctes Foires & changes, & payemens
d'icelles : & en oultre de nous defo-
beir, defplaire, & d'encourir noftre
indignation. Pareillement de ne faire entrer en noftredict Royaume au-
cuns draps, toilles, & fil d'or, d'argét,
ou de foye par ailleurs que noftredicte ville de Lyon: afin de y acquitter
noz droictz de doüane & autres à
nous pour ce deuz & appartenans :
tout ainfi que lon auoit accouftumé
de faire & obferuer au parauant i-
ceux troubles : Sur peine de confif-
cation defdictz draps, toilles & fil:
& d'encourir les mefmes peines contenues par les Ordonnances de noz
predeceffeurs & nous, faictes fur l'en-
trée d'iceux draps, & fil d'or, d'argét,
ou foye en noftredict Royaume, par
noftredicte ville de Lyon.

SI voulós

SI VOVLONS & vous mandons, commandons & enioignos tresexpressement, que le contenu en noſtre preſente Ordonnance, declaration & vouloir, vous faiĉtes publier, entretenir, garder & obſeruer inuiolablement, auec les contraintes en tel cas requiſes & accouſtumées alencõtre de tous ceux qu'il appartiendra & beſoin ſera.

MANDONS en oultre à noſtre amé & feal le ſeigneur de Tauañes Cheuallier de noſtre ordre, & Lieutenant general au gouuernement de Bourgongne, ou l'abſence de noſtre treſcher & treſ-amé couſin le Duc d'Aumalle, Baillif dudit Chalon, & autres noz Officiers audiĉt lieu, faire faire ſemblable publication de ceſdiĉtes preſentes, en ladiĉte ville de Chalon, & par tout ail-

B

leurs ou besoing sera: Afin que aucun n'en puisse pretendre cause d'i-
gnorâce: ausquelz seigneur de Taua-
nes, Baillif & officiers, nous defen-
dons tres-estroictement de ne per-
mettre ne souffrir faire, ne tenir audict Chalon, lesdictz payemens, Foires, ne changes: Ne pour ce bailler
aucun lieu en leur ressort, renuoyant
& faisant rëuoyer audict Lyon, tous
ceux qui pourroyent, ou se vou-
droient entremettre de faire lesdictz
changes & payemens, ailleurs que
audict Lion: sur les mesmes peines
contenues cy dessus. Ayant pour ce
regard reuoqué & reuocquons par
cesdictes presentes, les permissions
& pouuoir que nous auous cy deuat
sur ce baillées, de faire tenir lesdictes
Foires, changes & payemens audict
Chalon: ce que nous entendons n'a-

uoir plus aucun lieu : Car tel eſt noſtre plaiſir. Et pour ce que de ces preſentes on pourra auoir affaire en plu
ſieurs & diuers lieux : Nous voulons
qu'au Vidimus faict ſoubs ſeel royal
où deüement collationné par vn de
noz amez feaux Notaires & Secre-
taires, foy y ſoit adiouſtée comme
à ce preſent original.

Donné à Gaillon, le neufuieſme
iour de Iuillet, L'an de grace Mil
cinq cens ſoixante-trois.

Et de noſtre regne le troiſieſme.
Signé

Charles.

Par le Roy eſtant en ſon Conſeil.
ROBERTET.
Et ſeellé du grand ſeel dudict Sei-
gneur à ſimple queüe.

E N vertu & en enſuyuant les com-
mandemens à moy faictz de la part de
Mōſeigneur le Comte de Sault, Cheualier
de l'ordre du Roy noſtre ſire, & ſon Lieutenant au gouuernement de ceſte ville de
Lyon, pays de Lyonnois, Beauioullois, &
autres d'alentour. Auſſi de Monſieur le
Lieutenant general ciuil en la Seneſchau-
cée de Lyonnois, les Lettres patentes du
Roy noſtre ſire, données à Gaillon le neu-
uieſme iour du mois de Iuillet, l'an mil
cinq cens ſoixante trois, ſignées Charles,
& au deſſoubz, Par le Roy en ſon Conſeil
Robertet. Et ſeéllées de cire iaulne à queuë
ſimple, En forme de declaration pour les
Foires, Changes & payemens qui ſe ſou-
loyent tenir en ceſtedicte ville de Lyon, cy
attachées: ont eſté criées, leues & publiées
à haulte voix, cry public & ſon de trom-
pe, par tous & vns chaſcuns les carrefours
& places publiques de ceſte ville de Lyon:

afin que du contenu en icelles nul n'en puiſſe
pretendre cauſe d'ignorance.   Faict par
moy Iean Granion, Clerc & commis de
Maiſtre Iean Bruyeres, crieur public de
ladicte ville, ce vingtdeuxieſme iour de
Iuillet, l'an mil cinq cens ſoixantetrois.
I. GRANION.